화엄경 제30권(십회향품 제25-8) 해설

화엄경 제30권에는 眞如相회향에 대하여 나온다.

“바른 생각, 밝은 마음으로 회향하되 참되고 한결같은 마음으로 하라. 보살도를 즐겨 믿고 지혜의 눈으로 갖가지 모든 것을 살펴 선근으로 회향하되 원력에 의하여 회향하라. 그리하여 모든 중생으로 대자유를 얻게 하라.(pp.1~29).

그리고 금강당보살이 게송으로 읊었다.

“菩薩志樂常安樂 ~ 令於實法正思惟”

하고 말이다.

十(십) 廻(회) 向(향) 品(품) 第(제) 二(이) 十(십) 五(오) 之(지) 八(팔)
佛(불) 子(자) 何(하) 者(자) 是(시) 菩(보) 薩(살) 摩(마) 訶(하) 薩(살)
眞(진) 如(여) 相(상) 廻(회) 向(향) 佛(불) 子(자) 此(차) 菩(보) 薩(살) 摩(마)
訶(하) 薩(살) 正(정) 念(념) 明(명) 了(료) 其(기) 心(심) 堅(견) 住(주) 遠(원)
離(리) 迷(미) 惑(혹) 專(전) 意(의) 修(수) 行(행) 深(심) 心(심) 不(부) 動(동)
成(성) 不(불) 壞(괴) 業(업) 趣(취) 一(일) 切(체) 智(지) 終(종) 不(불) 退(퇴)
轉(전) 志(지) 求(구) 大(대) 乘(승) 勇(용) 猛(맹) 無(무) 畏(외) 植(식) 諸(제)

德本普安世間生勝善根修
덕본보안세간생승선근수

白淨法大悲增長心寶成就
백정법대비증장심보성취

常念諸佛護持正法
상념제불호지정법

於菩薩道信樂堅固成就
어보살도신락견고성취

無量淨妙善根勤修一切功
무량정묘선근근수일체공

德智慧爲調御師生衆善法
덕지혜위조어사생중선법

以智方便而爲迴向
이지방편이위회향

菩보 薩살 爾이 時시 慧혜 眼안 普보 觀관 所소 有유

善선 根근 無무 量량 無무 邊변 其기 諸제 善선 根근 修수

習습 之지 時시 若약 求구 緣연 若약 辨판 具구 若약 治치

淨정 若약 趣취 入입 若약 專전 勵려 若약 起기 行행 若약

明명 達달 若약 精정 審심 若약 開개 示시 如여 是시 一일

切체 有유 種종 種종 門문 種종 種종 境경 種종 種종 相상

種종 種종 事사 種종 種종 分분 種종 種종 行행 種종 種종

사경의 공덕은 십만억 부처님께 공양한 것과 같은 공덕이 있습니다.

名字種種分別種種出生種
명자종종분별종종출생종

種修習其中所有一切善根
종수습기중소유일체선근

悉是趣向十力乘心之所建
실시취향십력승심지소건

立皆悉迴向一切種智唯一
립개실회향일체종지유일

無二
무이

以諸善根如是迴向所謂
이제선근여시회향소위

願得圓滿無礙身業修菩薩
원득원만무애신업수보살

行願得淸淨無礙口業修菩
행원득청정무애구업수보

薩行願得成就無礙意業安
살행원득성취무애의업안

住大乘願得圓滿無障礙心
주대승원득원만무장애심

淨修一切諸菩薩行願起無
정수일체제보살행원기무

量廣大施心周給無邊一切
량광대시심주급무변일체

衆生
중생

願於諸法心得自在演大
원어제법심득자재연대

사경의 공덕은 십만억 부처님께 공양한 것과 같은 공덕이 있습니다.

法明無能障蔽願得明達一
법명무능장폐원득명달일

切智處發菩提心普照世間
체지처발보리심보조세간

願常正念三世諸佛諦想如
원상정념삼세제불체상여

來常現在前願住圓滿增上
래상현재전원주원만증상

志樂遠離一切諸魔怨敵願
지락원리일체제마원적원

得安住佛十力智普攝衆生
득안주불십력지보섭중생

無有休息願得三昧遊諸世
무유휴식원득삼매유제세

界(계) 而(이) 於(어) 世(세) 間(간) 無(무) 所(소) 染(염) 著(착)

願(원) 住(주) 諸(제) 世(세) 界(계) 無(무) 有(유) 疲(피) 厭(염) 教(교)

化(화) 衆(중) 生(생) 恒(항) 不(불) 休(휴) 息(식) 願(원) 起(기) 無(무) 量(량)

思(사) 慧(혜) 方(방) 便(편) 成(성) 就(취) 菩(보) 薩(살) 不(불) 思(사) 議(의)

道(도) 願(원) 得(득) 諸(제) 方(방) 不(불) 迷(미) 惑(혹) 智(지) 悉(실) 能(능)

分(분) 別(별) 一(일) 切(체) 世(세) 間(간) 願(원) 得(득) 自(자) 在(재) 神(신)

通(통) 智(지) 力(력) 於(어) 一(일) 念(념) 中(중) 悉(실) 能(능) 嚴(엄) 淨(정)

願 원	示 시		入 입	得 득	性 성	一 일
於 어	一 일	願 원	一 일	生 생	見 견	切 체
一 일	切 체	以 이	切 체	起 기	一 일	國 국
佛 불	敎 교	一 일	剎 찰	無 무	切 체	土 토
剎 찰	化 화	切 체		差 차	世 세	願 원
中 중	無 무	剎 찰		別 별	間 간	得 득
示 시	量 량	莊 장		智 지	悉 실	普 보
無 무	無 무	嚴 엄		於 어	皆 개	入 입
邊 변	邊 변	之 지		一 일	淸 청	諸 제
法 법	衆 중	事 사		剎 찰	淨 정	法 법
界 계	生 생	顯 현		中 중	願 원	自 자

사경의 공덕은 십만억 부처님께 공양한 것과 같은 공덕이 있습니다.

一切佛刹悉亦如是願得自
일체불찰실역여시원득자

在大神通智普能往詣一切
재대신통지보능왕예일체

佛土
불토

佛子菩薩摩訶薩以諸善
불자보살마하살이제선

根願得莊嚴一切佛國願得
근원득장엄일체불국원득

周徧一切世界願得成就智
주변일체세계원득성취지

慧觀察如爲己身如是迴向
혜관찰여위기신여시회향

如是而爲一切衆生
여시이위일체중생

所謂願一切衆生永離一
소위원일체중생영리일

切地獄畜生閻羅王趣願一
체지옥축생염라왕취원일

切衆生除滅一切障礙之業
체중생제멸일체장애지업

願一切衆生得周普心平等
원일체중생득주보심평등

智慧願一切衆生於怨於親
지혜원일체중생어원어친

等心攝受皆令安樂智慧清
등심섭수개령안락지혜청

사경의 공덕은 십만억 부처님께 공양한 것과 같은 공덕이 있습니다.

淨願一切衆生智慧圓滿淨
정원일체중생지혜원만정

光普照願一切衆生思慧成
광보조원일체중생사혜성

滿了眞實義願一切衆生以
만료진실의원일체중생이

淨志樂趣求菩提獲無量智
정지락취구보리획무량지

願一切衆生普能顯示安隱
원일체중생보능현시안은

住處
주처

佛子菩薩摩訶薩恒以善
불자보살마하살항이선

心如是迴向爲令一切衆生
심여시회향위령일체중생

遇淸涼雲霔法雨故爲令一
우청량운주법우고위령일

切衆生常値福田勝境界故
체중생상치복전승경계고

爲令一切衆生皆能善入
위령일체중생개능선입

菩提心藏自護持故爲令一
보리심장자호지고위령일

切衆生離諸蓋纏善安住故
체중생리제개전선안주고

爲令一切衆生皆獲無礙神
위령일체중생개획무애신

사경의 공덕은 십만억 부처님께 공양한 것과 같은 공덕이 있습니다.

故 고	一 일	生 생	利 리	生 생	在 재	通 통
爲 위	切 체	普 보	益 익	成 성	身 신	智 지
令 령	衆 중	攝 섭	無 무	就 취	普 보	故 고
一 일	生 생	群 군	空 공	最 최	示 시	爲 위
切 체	皆 개	品 품	過 과	勝 승	現 현	令 령
衆 중	能 능	令 령	故 고	一 일	故 고	一 일
生 생	究 구	淸 청	爲 위	切 체	爲 위	切 체
心 심	竟 경	淨 정	令 령	種 종	令 령	衆 중
不 부	一 일	故 고	一 일	智 지	一 일	生 생
動 동	切 체	爲 위	切 체	普 보	切 체	得 득
搖 요	智 지	令 령	衆 중	興 흥	衆 중	自 자

無무 障장 礙애 故고

佛불 子자 菩보 薩살 摩마 訶하 薩살 見견 可가 愛애

樂락 國국 土토 園원 林림 草초 木목 華화 果과 名명 香향

上상 服복 珍진 寶보 財재 物물 諸제 莊장 嚴엄 具구 或혹

見견 可가 樂락 村촌 邑읍 聚취 落락 或혹 見견 帝제 王왕

威위 德덕 自자 在재 或혹 見견 住주 處처 離리 諸제 諠훤

雜잡 見견 是시 事사 已이 以이 方방 便편 智지 精정 勤근

사경의 공덕은 십만억 부처님께 공양한 것과 같은 공덕이 있습니다.

修(수)習(습)出(출)生(생)無(무)量(량)勝(승)妙(묘)功(공)德(덕)爲(위)
諸(제)衆(중)生(생)勤(근)求(구)善(선)法(법)心(심)無(무)放(방)逸(일)
廣(광)集(집)衆(중)善(선)猶(유)如(여)大(대)海(해)以(이)無(무)
盡(진)善(선)普(보)覆(부)一(일)切(체)爲(위)衆(중)善(선)法(법)所(소)
依(의)之(지)處(처)以(이)諸(제)善(선)根(근)方(방)便(편)迴(회)向(향)
而(이)無(무)分(분)別(별)開(개)示(시)無(무)量(량)種(종)種(종)善(선)
根(근)智(지)常(상)觀(관)察(찰)一(일)切(체)衆(중)生(생)

사경의 공덕은 십만억 부처님께 공양한 것과 같은 공덕이 있습니다.

無 무	愛 애		是 시	休 휴	如 여	心 심
所 소	樂 락	願 원	迴 회	息 식	平 평	恒 항
取 취	見 견	一 일	向 향	菩 보	等 등	憶 억
著 착	見 견	切 체	所 소	薩 살	善 선	念 념
圓 원	法 법	衆 중	謂 위	爾 이	根 근	善 선
滿 만	眞 진	生 생		時 시	迴 회	根 근
淸 청	性 성	得 득		以 이	向 향	境 경
淨 정	平 평	諸 제		諸 제	衆 중	界 계
願 원	等 등	如 여		善 선	生 생	以 이
一 일	平 평	來 래		根 근	無 무	等 등
切 체	等 등	可 가		如 여	有 유	眞 진

	護 호	可 가	佛 불	切 체	滿 만	衆 중
願 원	持 지	愛 애	剎 찰	無 무	供 공	生 생
一 일	一 일	樂 락	願 원	諸 제	養 양	見 견
切 체	切 체	法 법	一 일	煩 번	願 원	諸 제
衆 중	菩 보	願 원	切 체	惱 뇌	一 일	如 여
生 생	薩 살	一 일	衆 중	甚 심	切 체	來 래
得 득	可 가	切 체	生 생	可 가	衆 중	甚 심
善 선	愛 애	衆 중	得 득	愛 애	生 생	可 가
知 지	樂 락	生 생	見 견	樂 락	往 왕	愛 애
識 식	行 행	常 상	諸 제	淸 청	生 생	樂 락
可 가		樂 락	佛 불	淨 정	一 일	圓 원

사경의 공덕은 십만억 부처님께 공양한 것과 같은 공덕이 있습니다.

愛樂眼見無所礙願一切衆
애락안견무소애원일체중

生常見一切可愛樂物無有
생상견일체가애락물무유

違逆願一切衆生證得一切
위역원일체중생증득일체

可愛樂法而勤護持願一切
가애락법이근호지원일체

衆生於一切佛可樂法中得
중생어일체불가락법중득

淨光明願一切衆生修諸菩
정광명원일체중생수제보

薩一切能捨可愛樂心願一
살일체능사가애락심원일

切(체)衆(중)生(생)得(득)無(무)所(소)畏(외)能(능)說(설)一(일)切(체)
可(가)愛(애)樂(락)法(법)
願(원)一(일)切(체)衆(중)生(생)得(득)諸(제)菩(보)薩(살)極(극)
可(가)愛(애)樂(락)甚(심)深(심)三(삼)昧(매)願(원)一(일)切(체)衆(중)
生(생)得(득)諸(제)菩(보)薩(살)甚(심)可(가)愛(애)樂(락)陀(다)羅(라)
尼(니)門(문)願(원)一(일)切(체)衆(중)生(생)得(득)諸(제)菩(보)薩(살)
甚(심)可(가)愛(애)樂(락)善(선)觀(관)察(찰)智(지)願(원)一(일)切(체)

衆(중)生(생)能(능)現(현)菩(보)薩(살)甚(심)可(가)愛(애)樂(락)自(자)
在(재)神(신)通(통)願(원)一(일)切(체)衆(중)生(생)能(능)於(어)諸(제)
佛(불)大(대)衆(중)會(회)中(중)說(설)可(가)愛(애)樂(락)甚(심)深(심)
妙(묘)法(법)願(원)一(일)切(체)衆(중)生(생)能(능)以(이)方(방)便(편)
開(개)示(시)演(연)說(설)甚(심)可(가)愛(애)樂(락)差(차)別(별)之(지)
句(구)
願(원)一(일)切(체)衆(중)生(생)常(상)能(능)發(발)起(기)甚(심)

無 무	可 가	樂 락	一 일	提 리	生 생	可 가
有 유	愛 애	諸 제	切 체	心 심	念 념	愛 애
休 휴	樂 락	如 여	衆 중	常 상	念 념	樂 락
息 식	能 능	來 래	生 생	令 령	發 발	平 평
願 원	調 조	家 가	能 능	諸 제	起 기	等 등
一 일	伏 복	願 원	入 입	根 근	甚 심	大 대
切 체	行 행	一 일	一 일	歡 환	可 가	悲 비
衆 중	調 조	切 체	切 체	喜 희	愛 애	願 원
生 생	伏 복	衆 중	甚 심	悅 열	樂 락	一 일
得 득	衆 중	生 생	可 가	豫 예	大 대	切 체
諸 제	生 생	得 득	愛 애	願 원	菩 보	衆 중

사경의 공덕은 십만억 부처님께 공양한 것과 같은 공덕이 있습니다.

菩薩甚可愛樂無盡辯才演
보살심가애락무진변재연

說諸法
설제법

願一切衆生於不可說不
원일체중생어불가설불

可說劫住於一切可樂世界
가설겁주어일체가락세계

教化衆生心無厭倦願一切
교화중생심무염권원일체

衆生以無量方便普能悟入
중생이무량방편보능오입

甚可愛樂諸佛法門願一切
심가애락제불법문원일체

	際 제	一 일	切 체	生 생	一 일	衆 중
願 원	知 지	切 체	法 법	得 득	切 체	生 생
一 일	一 일	衆 중	畢 필	可 가	法 법	得 득
切 체	切 체	生 생	竟 경	愛 애	無 무	可 가
衆 중	法 법	得 득	無 무	樂 락	有 유	愛 애
生 생	平 평	可 가	二 이	離 리	根 근	樂 락
具 구	等 등	愛 애	斷 단	貪 탐	本 본	無 무
足 족	眞 진	樂 락	一 일	欲 욕	願 원	礙 애
成 성	實 실	離 리	切 체	際 제	一 일	方 방
滿 만		貪 탐	障 장	知 지	切 체	便 편
一 일		欲 욕	願 원	一 일	衆 중	知 지

切菩薩甚可愛樂無戲論法
체보살심가애락무희론법

願一切衆生得金剛藏精進
원일체중생득금강장정진

之心成可愛樂一切智道願
지심성가애락일체지도원

一切衆生具可愛樂無礙善
일체중생구가애락무애선

根摧伏一切煩惱怨敵願一
근최복일체번뇌원적원일

切衆生得可愛樂一切智門
체중생득가애락일체지문

普於世間現成正覺
보어세간현성정각

佛子菩薩摩訶薩修習如
불자보살마하살수습여

是諸善根時得智慧明爲善
시제선근시득지혜명위선

知識之所攝受如來慧日明
지식지소섭수여래혜일명

照其心永滅癡冥勤修正法
조기심영멸치명근수정법

入諸智業善學智地流布善
입제지업선학지지류포선

根充滿法界以智迴向盡諸
근충만법계이지회향진제

菩薩善根源底以智深入大
보살선근원저이지심입대

方便海成就無量廣大善根
방편해성취무량광대선근

佛子菩薩摩訶薩以此善
불자보살마하살이차선

根如是迴向所謂不著世間
근여시회향소위불착세간

不取衆生其心清淨無所依
불취중생기심청정무소의

止正念諸法離分別見
지정념제법리분별견

不捨一切佛自在慧不違
불사일체불자재혜불위

三世一切諸佛正迴向門隨
삼세일체제불정회향문수

사경의 공덕은 십만억 부처님께 공양한 것과 같은 공덕이 있습니다.

順一切平等正法不壞如來
순 일 체 평 등 정 법 불 괴 여 래

眞實之相等觀三世無衆生
진 실 지 상 등 관 삼 세 무 중 생

相善順佛道善說於法深了
상 선 순 불 도 선 설 어 법 심 료

其義入最勝地悟眞實法智
기 의 입 최 승 지 오 진 실 법 지

慧圓滿信樂堅固雖善修正
혜 원 만 신 락 견 고 수 선 수 정

業而知業性空了一切法皆
업 이 지 업 성 공 료 일 체 법 개

如幻化
여 환 화

知一切法無有自性觀一
지일체법무유자성관일

切義及種種行隨世言說而
체의급종종행수세언설이

無所著除滅一切執著因緣
무소착제멸일체집착인연

知如實理觀諸法性皆悉寂
지여실리관제법성개실적

滅了一切法同一實相
멸료일체법동일실상

知諸法相不相違背與諸
지제법상불상위배여제

菩薩而共同止修行其道善
보살이공동지수행기도선

攝衆生入去來今一切菩薩
섭중생입거래금일체보살

迴向之門
회향지문

於諸佛法心無驚怖以無
어제불법심무경포이무

量心令諸衆生普得淸淨於
량심령제중생보득청정어

십방세계불起執取我我所
시방세계불기집취아아소

心於諸世間無所分別
심어제세간무소분별

於一切境界不生染著勤
어일체경계불생염착근

修一切出世間法於諸世間
수일체출세간법어제세간

無取無依於深妙道正見牢
무취무의어심묘도정견뢰

固離諸妄見了眞實法
고리제망견료진실법

譬如眞如徧一切處無有
비여진여변일체처무유

邊際善根廻向亦復如是徧
변제선근회향역부여시변

一切處無有邊際譬如眞如
일체처무유변제비여진여

眞實爲性善根廻向亦復如
진실위성선근회향역부여

爲 위	向 향	以 이	其 기	改 개		是 시
性 성	亦 역	一 일	本 본	變 변	譬 비	了 료
	復 부	切 체	性 성	善 선	如 여	一 일
	如 여	法 법	始 시	根 근	眞 진	切 체
	是 시	無 무	終 종	廻 회	如 여	法 법
	了 료	性 성	不 불	向 향	恒 항	眞 진
	一 일	爲 위	改 개	亦 역	守 수	實 실
	切 체	性 성	譬 비	復 부	本 본	爲 위
	法 법	善 선	如 여	如 여	性 성	性 성
	無 무	根 근	眞 진	是 시	無 무	
	性 성	廻 회	如 여	守 수	有 유	

譬如眞如無相爲相善根
비여진여무상위상선근

廻向亦復如是了一切法無
회향역부여시료일체법무

相爲相譬如眞如若有得者
상위상비여진여약유득자

終無退轉善根廻向亦復如
종무퇴전선근회향역부여

是若有得者於諸佛法永不
시약유득자어제불법영불

退轉
퇴전

譬如眞如一切諸佛之所
비여진여일체제불지소

行處善根迴向亦復如是一
切如來所行之處譬如眞如
離境界相而爲境界善根迴
向亦復如是離境界相而爲
三世一切諸佛圓滿境界
譬如眞如能有安立善根
迴向亦復如是悉能安立一

사경의 공덕은 십만억 부처님께 공양한 것과 같은 공덕이 있습니다.

切衆生譬如眞如性常隨順
善根迴向亦復如是盡未來
劫隨順不斷
譬如眞如無能測量善根
迴向亦如是等虛空界盡
衆生心無能測量譬如眞如
充滿一切善根迴向亦復如

是一刹那中普周法界
시일찰나중보주법계

譬如眞如常住無盡善根
비여진여상주무진선근

迴向亦復如是究竟無盡譬
회향역부여시구경무진비

如眞如無有比對善根迴向
여진여무유비대선근회향

亦復如是普能圓滿一切佛
역부여시보능원만일체불

法無有比對
법무유비대

譬如眞如體性堅固善根
비여진여체성견고선근

廻(회)向(향)亦(역)復(부)如(여)是(시)體(체)性(성)堅(견)固(고)非(비)
諸(제)惑(혹)惱(뇌)之(지)所(소)能(능)沮(저)譬(비)如(여)眞(진)如(여)
不(불)可(가)破(파)壞(괴)善(선)根(근)廻(회)向(향)亦(역)復(부)如(여)
是(시)一(일)切(체)衆(중)生(생)不(불)能(능)損(손)壞(괴)
譬(비)如(여)眞(진)如(여)照(조)明(명)爲(위)體(체)善(선)根(근)
廻(회)向(향)亦(역)復(부)如(여)是(시)以(이)普(보)照(조)明(명)而(이)
爲(위)其(기)性(성)譬(비)如(여)眞(진)如(여)無(무)所(소)不(부)在(재)

善根迴向亦復如是於一切
선근회향역부여시어일체

處悉無不在
처실무부재

譬如眞如偏一切時善根
비여진여변일체시선근

迴向亦復如是偏一切時譬
회향역부여시변일체시비

如眞如性常淸淨善根迴向
여진여성상청정선근회향

亦復如是住於世間而體淸
역부여시주어세간이체청

淨
정

譬(비)如(여)眞(진)如(여)於(어)法(법)無(무)礙(애)善(선)根(근)
迴(회)向(향)亦(역)復(부)如(여)是(시)周(주)行(행)一(일)切(체)而(이)
無(무)所(소)礙(애)譬(비)如(여)眞(진)如(여)爲(위)衆(중)法(법)眼(안)
善(선)根(근)迴(회)向(향)亦(역)復(부)如(여)是(시)能(능)爲(위)一(일)
切(체)衆(중)生(생)作(작)眼(안)
譬(비)如(여)眞(진)如(여)性(성)無(무)勞(로)倦(권)善(선)根(근)
迴(회)向(향)亦(역)復(부)如(여)是(시)修(수)行(행)一(일)切(체)菩(보)

薩諸行恒無勞倦譬如眞如
體性甚深善根迴向亦復如
是其性甚深
譬如眞如無有一物善根
迴向亦復如是了知其性無
有一物譬如眞如性非出現
善根迴向亦復如是其體微

妙難可得見
譬如眞如離衆垢翳善根
迴向亦復如是慧眼淸淨離
諸癡翳譬如眞如性無與等
善根迴向亦復如是成就一
切諸菩薩行最上無等
譬如眞如體性寂靜善根

廻(회)向(향)亦(역)復(부)如(여)是(시)善(선)能(능)隨(수)順(순)寂(적)
靜(정)之(지)法(법)譬(비)如(여)眞(진)如(여)無(무)有(유)根(근)本(본)
善(선)根(근)廻(회)向(향)亦(역)復(부)如(여)是(시)能(능)入(입)一(일)
切(체)無(무)根(근)本(본)法(법)
譬(비)如(여)眞(진)如(여)體(체)性(성)無(무)邊(변)善(선)根(근)
廻(회)向(향)亦(역)復(부)如(여)是(시)淨(정)諸(제)衆(중)生(생)其(기)
數(수)無(무)邊(변)譬(비)如(여)眞(진)如(여)體(체)性(성)無(무)著(착)

善根迴向亦復如是畢竟遠
선근회향역부여시필경원

離一切諸著
리일체제착

譬如眞如無有障礙善根
비여진여무유장애선근

迴向亦復如是除滅一切世
회향역부여시제멸일체세

間障礙譬如眞如非世所行
간장애비여진여비세소행

善根迴向亦復如是非諸世
선근회향역부여시비제세

間之所能行
간지소능행

譬如眞如體性無住善根
비여진여체성무주선근

迴向亦復如是一切生死皆
회향역부여시일체생사개

非所住譬如眞如性無所作
비소주비여진여성무소작

善根迴向亦復如是一切所
선근회향역부여시일체소

作悉皆捨離
작실개사리

譬如眞如體性安住善根
비여진여체성안주선근

迴向亦復如是安住眞實譬
회향역부여시안주진실비

不 불	諸 제	平 평		薩 살	善 선	如 여
離 리	世 세	等 등	譬 비	聽 청	根 근	眞 진
諸 제	間 간	善 선	如 여	聞 문	廻 회	如 여
法 법	修 수	根 근	眞 진	修 수	向 향	與 여
善 선	平 평	廻 회	如 여	習 습	亦 역	一 일
根 근	等 등	向 향	一 일	而 이	復 부	切 체
廻 회	行 행	亦 역	切 체	共 공	如 여	法 법
向 향	譬 비	復 부	法 법	相 상	是 시	而 이
亦 역	如 여	如 여	中 중	應 응	與 여	共 공
復 부	眞 진	是 시	性 성		諸 제	相 상
如 여	如 여	於 어	常 상		菩 보	應 응

是盡未來際不捨世間
시진미래제불사세간

譬如眞如一切法中畢竟
비여진여일체법중필경

無盡善根迴向亦復如是於
무진선근회향역부여시어

諸衆生迴向無盡譬如眞如
제중생회향무진비여진여

與一切法無有相違善根迴
여일체법무유상위선근회

向亦復如是無違三世一切
향역부여시무위삼세일체

佛法
불법

捨 사		是 시	同 동	生 생	迴 회	
離 리	譬 비	與 여	其 기	善 선	向 향	譬 비
善 선	如 여	三 삼	體 체	根 근	亦 역	如 여
根 근	眞 진	世 세	性 성	譬 비	復 부	眞 진
迴 회	如 여	佛 불	善 선	如 여	如 여	如 여
向 향	與 여	同 동	根 근	眞 진	是 시	普 보
亦 역	一 일	一 일	迴 회	如 여	盡 진	攝 섭
復 부	切 체	體 체	向 향	與 여	攝 섭	諸 제
如 여	法 법	性 성	亦 역	一 일	一 일	法 법
是 시	不 불		復 부	切 체	切 체	善 선
攝 섭	相 상		如 여	法 법	衆 중	根 근

持(지)一(일)切(체)世(세)出(출)世(세)法(법)譬(비)如(여)眞(진)如(여)
無(무)能(능)暎(영)蔽(폐)善(선)根(근)廻(회)向(향)亦(역)復(부)如(여)
是(시)一(일)切(체)世(세)間(간)無(무)能(능)暎(영)蔽(폐)
譬(비)如(여)眞(진)如(여)不(불)可(가)動(동)搖(요)善(선)根(근)
廻(회)向(향)亦(역)復(부)如(여)是(시)一(일)切(체)魔(마)業(업)無(무)
能(능)動(동)搖(요)譬(비)如(여)眞(진)如(여)性(성)無(무)垢(구)濁(탁)
善(선)根(근)廻(회)向(향)亦(역)復(부)如(여)是(시)修(수)菩(보)薩(살)

行無有垢濁
행 무 유 구 탁

譬如眞如無有變易善根
비 여 진 여 무 유 변 역 선 근

迴向亦復如是愍念衆生心
회 향 역 부 여 시 민 념 중 생 심

無變易譬如眞如不可窮盡
무 변 역 비 여 진 여 불 가 궁 진

善根迴向亦復如是非諸世
선 근 회 향 역 부 여 시 비 제 세

法所能窮盡
법 소 능 궁 진

譬如眞如性常覺悟善根
비 여 진 여 성 상 각 오 선 근

迴向亦復如是普能覺悟一
회향역부여시보능각오일

切諸法譬如眞如不可失壞
체제법비여진여불가실괴

善根迴向亦復如是於諸衆
선근회향역부여시어제중

生起勝志願永不失壞
생기승지원영불실괴

譬如眞如能大照明善根
비여진여능대조명선근

迴向亦復如是以大智光照
회향역부여시이대지광조

諸世間譬如眞如不可言說
제세간비여진여불가언설

善(선)根(근)迴(회)向(향)亦(역)復(부)如(여)是(시)一(일)切(체)言(언)
語(어)所(소)不(불)可(가)說(설)
譬(비)如(여)眞(진)如(여)持(지)諸(제)世(세)間(간)善(선)根(근)
迴(회)向(향)亦(역)復(부)如(여)是(시)能(능)持(지)一(일)切(체)菩(보)
薩(살)諸(제)行(행)譬(비)如(여)眞(진)如(여)隨(수)世(세)言(언)說(설)
善(선)根(근)迴(회)向(향)亦(역)復(부)如(여)是(시)隨(수)順(순)一(일)
切(체)智(지)慧(혜)言(언)說(설)

譬如眞如徧一切法善根
비여진여변일체법선근

廻向亦復如是徧於十方一
회향역부여시변어시방일

切佛刹現大神通成等正覺
체불찰현대신통성등정각

譬如眞如無有分別善根廻
비여진여무유분별선근회

向亦復如是於諸世間無所
향역부여시어제세간무소

分別
분별

譬如眞如徧一切身善根
비여진여변일체신선근

사경의 공덕은 십만억 부처님께 공양한 것과 같은 공덕이 있습니다.

迴(회)向(향)亦(역)復(부)如(여)是(시)徧(변)十(시)方(방)刹(찰)無(무)

量(량)身(신)中(중)譬(비)如(여)眞(진)如(여)體(체)性(성)無(무)生(생)

善(선)根(근)迴(회)向(향)亦(역)復(부)如(여)是(시)方(방)便(편)示(시)

生(생)而(이)無(무)所(소)生(생)

譬(비)如(여)眞(진)如(여)無(무)所(소)不(부)在(재)善(선)根(근)

迴(회)向(향)亦(역)復(부)如(여)是(시)十(시)方(방)三(삼)世(세)諸(제)

佛(불)土(토)中(중)普(보)現(현)神(신)通(통)而(이)無(무)不(부)在(재)

譬如眞如徧在於夜善根迴
비여진여변재어야선근회
向亦復如是於一切夜放大
향역부여시어일체야방대
光明施作佛事
광명시작불사
譬如眞如徧在於晝善根
비여진여편재어주선근
迴向亦復如是悉令一切在
회향역부여시실령일체재
晝衆生見佛神變演不退輪
주중생견불신변연불퇴륜
離垢清淨無空過者
이구청정무공과자

譬(비)如(여)眞(진)如(여)徧(변)在(재)半(반)月(월)及(급)以(이)
一(일)月(월)善(선)根(근)迴(회)向(향)亦(역)復(부)如(여)是(시)於(어)
諸(제)世(세)間(간)次(차)第(제)時(시)節(절)得(득)善(선)方(방)便(편)
於(어)一(일)念(념)中(중)知(지)一(일)切(체)時(시)
譬(비)如(여)眞(진)如(여)徧(변)在(재)年(년)歲(세)善(선)根(근)
迴(회)向(향)亦(역)復(부)如(여)是(시)住(주)無(무)量(량)劫(겁)明(명)
了(료)成(성)熟(숙)一(일)切(체)諸(제)根(근)皆(개)令(령)圓(원)滿(만)

無 무	諸 제	迴 회		淨 정	迴 회	
有 유	菩 보	向 향	譬 비	無 무	向 향	譬 비
退 퇴	薩 살	亦 역	如 여	染 염	亦 역	如 여
轉 전	清 청	復 부	眞 진	敎 교	復 부	眞 진
	淨 정	如 여	如 여	化 화	如 여	如 여
	妙 묘	是 시	盡 진	衆 중	是 시	徧 변
	行 행	盡 진	未 미	生 생	住 주	成 성
	成 성	未 미	來 래	咸 함	一 일	壞 괴
	滿 만	來 래	際 제	令 령	切 체	劫 겁
	大 대	際 제	善 선	清 청	劫 겁	善 선
	願 원	修 수	根 근	淨 정	清 청	根 근

譬如眞如徧住三世善根
비여진여변주삼세선근

廻向亦復如是令諸衆生於
회향역부여시령제중생어

一剎那見三世佛未曾一念
일찰나견삼세불미증일념

而有捨離
이유사리

譬如眞如徧一切處善根
비여진여변일체처선근

廻向亦復如是超出三界周
회향역부여시초출삼계주

行一切悉得自在譬如眞如
행일체실득자재비여진여

住有無法善根迴向亦復如
주유무법선근회향역부여

是了達一切有無之法畢竟
시료달일체유무지법필경

清淨
청정

譬如眞如體性淸淨善根
비여진여체성청정선근

迴向亦復如是能以方便集
회향역부여시능이방편집

助道法淨治一切諸菩薩行
조도법정치일체제보살행

譬如眞如體性明潔善根
비여진여체성명결선근

迴向亦復如是令諸菩薩悉
회향역부여시령제보살실

得三昧明潔之心譬如眞如
득삼매명결지심비여진여

體性無垢善根迴向亦復如
체성무구선근회향역부여

是遠離諸垢滿足一切諸淸
시원리제구만족일체제청

淨意
정의

譬如眞如無我我所善根
비여진여무아아소선근

迴向亦復如是以無我我所
회향역부여시이무아아소

淸淨之心充滿十方諸佛國
청정지심충만시방제불국

土譬如眞如體性平等善根
토비여진여체성평등선근

迴向亦復如是獲得平等一
회향역부여시획득평등일

切智智照了諸法離諸癡翳
체지지조료제법리제치예

譬如眞如超諸數量善根
비여진여초제수량선근

迴向亦復如是與超數量一
회향역부여시여초수량일

切智乘大力法藏而同止住
체지승대력법장이동지주

無 무	界 계	譬 비	菩 보	迴 회	雲 운	興 흥
礙 애	善 선	如 여	薩 살	向 향	譬 비	徧 변
一 일	根 근	眞 진	行 행	亦 역	如 여	十 시
切 체	迴 회	如 여	平 평	復 부	眞 진	方 방
種 종	向 향	徧 변	等 등	如 여	如 여	一 일
智 지	亦 역	住 주	住 주	是 시	平 평	切 체
於 어	復 부	一 일	於 어	發 발	等 등	世 세
衆 중	如 여	切 체	一 일	生 생	安 안	界 계
生 생	是 시	諸 제	切 체	一 일	住 주	廣 광
界 계	滿 만	衆 중	智 지	切 체	善 선	大 대
悉 실	足 족	生 생	道 도	諸 제	根 근	法 법

現在前 (현재전)
譬如眞如無有分別普住 (비여진여무유분별보주)
一切音聲智中善根迴向亦 (일체음성지중선근회향역)
復如是具足一切諸言音智 (부여시구족일체제언음지)
能普示現種種言音開示衆 (능보시현종종언음개시중)
生譬如眞如永離世間善根 (생비여진여영리세간선근)
迴向亦復如是普使衆生永 (회향역부여시보사중생영)

出(출)世(세)間(간)

譬(비)如(여)眞(진)如(여)體(체)性(성)廣(광)大(대)善(선)根(근)

迴(회)向(향)亦(역)復(부)如(여)是(시)悉(실)能(능)受(수)持(지)去(거)

來(래)今(금)世(세)廣(광)大(대)佛(불)法(법)恒(항)不(불)忘(망)失(실)

勤(근)修(수)一(일)切(체)菩(보)薩(살)諸(제)行(행)

譬(비)如(여)眞(진)如(여)無(무)有(유)間(간)息(식)善(선)根(근)

迴(회)向(향)亦(역)復(부)如(여)是(시)爲(위)欲(욕)安(안)處(처)一(일)

切衆生於大智地於一切劫
修菩薩行無有間息
譬如眞如體性寬廣徧一
切法善根迴向亦復如是淨
念無礙普攝一切寬廣法門
譬如眞如徧攝群品善根迴
向亦復如是證得無量品類

사경의 공덕은 십만억 부처님께 공양한 것과 같은 공덕이 있습니다.

之智修諸菩薩眞實妙行 (지지수제보살진실묘행)
譬如眞如無所取著善根 (비여진여무소취착선근)
迴向亦復如是於一切法皆 (회향역부여시어일체법개)
無所取除滅一切世間取著 (무소취제멸일체세간취착)
普令清淨譬如眞如體性不 (보령청정비여진여체성부)
動善根迴向亦復如是安住 (동선근회향역부여시안주)
普賢圓滿行願畢竟不動 (보현원만행원필경부동)

譬如眞如是佛境界善根
비여진여시불경계선근

迴向亦復如是令諸衆生滿
회향역부여시령제중생만

足一切大智境界滅煩惱境
족일체대지경계멸번뇌경

悉令淸淨譬如眞如無能制
실령청정비여진여무능제

伏善根迴向亦復如是不爲
복선근회향역부여시불위

一切衆魔事業外道邪論之
일체중마사업외도사론지

所制伏
소제복

譬如眞如非是可修非不
비여진여비시가수비불

可修善根迴向亦復如是捨
가수선근회향역부여시사

離一切妄想取著於修不修
리일체망상취착어수불수

無所分別
무소분별

譬如眞如無有退捨善根
비여진여무유퇴사선근

迴向亦復如是常見諸佛發
회향역부여시상견제불발

菩提心大誓莊嚴永無退捨
보리심대서장엄영무퇴사

譬如眞如普攝一切世間
비여진여보섭일체세간

言音善根迴向亦復如是能
언음선근회향역부여시능

得一切差別言音神通智慧
득일체차별언음신통지혜

普發一切種種言辭
보발일체종종언사

譬如眞如於一切法無所
비여진여어일체법무소

希求善根迴向亦復如是令
희구선근회향역부여시령

諸衆生乘普賢乘而得出離
제중생승보현승이득출리

於(어) 一(일) 切(체) 法(법) 無(무) 所(소) 貪(탐) 求(구)

譬(비) 如(여) 眞(진) 如(여) 住(주) 一(일) 切(체) 地(지) 善(선) 根(근)

迴(회) 向(향) 亦(역) 復(부) 如(여) 是(시) 令(령) 一(일) 切(체) 衆(중) 生(생)

捨(사) 世(세) 間(간) 地(지) 住(주) 智(지) 慧(혜) 地(지) 以(이) 普(보) 賢(현)

行(행) 而(이) 自(자) 莊(장) 嚴(엄)

譬(비) 如(여) 眞(진) 如(여) 無(무) 有(유) 斷(단) 絕(절) 善(선) 根(근)

迴(회) 向(향) 亦(역) 復(부) 如(여) 是(시) 於(어) 一(일) 切(체) 法(법) 得(득)

無所畏隨其類音處處演說
무소외수기류음처처연설

無有斷絕
무유단절

譬如眞如捨離諸漏善根
비여진여사리제루선근

迴向亦復如是令一切衆生
회향역부여시령일체중생

成就法智了達於法圓滿菩
성취법지료달어법원만보

提無漏功德
리무루공덕

譬如眞如無有少法而能
비여진여무유소법이능

壞(괴)亂(난)令(령)其(기)少(소)分(분)非(비)是(시)覺(각)悟(오)善(선)

根(근)迴(회)向(향)亦(역)復(부)如(여)是(시)普(보)令(령)開(개)悟(오)

一(일)切(체)諸(제)法(법)其(기)心(심)無(무)量(량)徧(변)周(주)法(법)

界(계)

譬(비)如(여)眞(진)如(여)過(과)去(거)非(비)始(시)未(미)來(래)

非(비)末(말)現(현)在(재)非(비)異(이)善(선)根(근)迴(회)向(향)亦(역)

復(부)如(여)是(시)爲(위)一(일)切(체)衆(중)生(생)新(신)新(신)恒(항)

사경의 공덕은 십만억 부처님께 공양한 것과 같은 공덕이 있습니다.

起菩提心願普使淸淨永離 (기보리심원보사청정영리)
生死 (생사)
譬如眞如於三世中無所 (비여진여어삼세중무소)
分別善根迴向亦復如是現 (분별선근회향역부여시현)
在念念心常覺悟過去未來 (재념념심상각오과거미래)
皆悉淸淨 (개실청정)
譬如眞如成就一切諸佛 (비여진여성취일체제불)

사경의 공덕은 십만억 부처님께 공양한 것과 같은 공덕이 있습니다.

菩薩善根迴向亦復如是發
보살선근회향역부여시발

起一切大願方便成就諸佛
기일체대원방편성취제불

廣大智慧
광대지혜

譬如眞如究竟清淨不與
비여진여구경청정불여

一切諸煩惱俱善根迴向亦
일체제번뇌구선근회향역

復如是能滅一切衆生煩惱
부여시능멸일체중생번뇌

圓滿一切清淨智慧
원만일체청정지혜

佛(불)子(자)菩(보)薩(살)摩(마)訶(하)薩(살)如(여)是(시)迴(회)
向(향)時(시)得(득)一(일)切(체)佛(불)刹(찰)平(평)等(등)普(보)嚴(엄)
淨(정)一(일)切(체)世(세)界(계)故(고)得(득)一(일)切(체)衆(중)生(생)
平(평)等(등)普(보)爲(위)轉(전)無(무)礙(애)法(법)輪(륜)故(고)
得(득)一(일)切(체)菩(보)薩(살)平(평)等(등)普(보)出(출)生(생)
一(일)切(체)智(지)願(원)故(고)得(득)一(일)切(체)諸(제)佛(불)平(평)
等(등)觀(관)察(찰)諸(제)佛(불)體(체)無(무)二(이)故(고)得(득)一(일)

切法平等普知諸法性無易 (체법평등보지제법성무역)
故 (고)
得一切世間平等以方便 (득일체세간평등이방편)
智善解一切語言道故得一 (지선해일체어언도고득일)
切菩薩行平等隨種種善根 (체보살행평등수종종선근)
盡迴向故得一切時平等勤 (진회향고득일체시평등근)
修佛事於一切時無斷絶故 (수불사어일체시무단절고)

得一切業果平等於世出
득일체업과평등어세출

世所有善根皆無染著咸究
세소유선근개무염착함구

竟故得一切佛自在神通平
경고득일체불자재신통평

等隨順世間現佛事故佛子
등수순세간현불사고불자

是爲菩薩摩訶薩第八眞如
시위보살마하살제팔진여

相迴向
상회향

菩薩摩訶薩住此迴向證
보살마하살주차회향증

得(득)無(무)量(량)清(청)淨(정)法(법)門(문)能(능)爲(위)如(여)來(래)
大(대)師(사)子(자)吼(후)自(자)在(재)無(무)畏(외)以(이)善(선)方(방)
便(편)教(교)化(화)成(성)就(취)無(무)量(량)菩(보)薩(살)於(어)一(일)
切(체)時(시)未(미)曾(증)休(휴)息(식)
得(득)佛(불)無(무)量(량)圓(원)滿(만)之(지)身(신)一(일)身(신)
充(충)徧(변)一(일)切(체)世(세)界(계)得(득)佛(불)無(무)量(량)圓(원)
滿(만)音(음)聲(성)一(일)音(음)開(개)悟(오)一(일)切(체)衆(중)生(생)

得佛無量圓滿之力一毛孔
(득불무량원만지력일모공)

中普能容納一切國土
(중보능용납일체국토)

得佛無量圓滿神通置諸
(득불무량원만신통치제)

衆生於一塵中得佛無量圓
(중생어일진중득불무량원)

滿解脫於一衆生身示現一
(만해탈어일중생신시현일)

切諸佛境界成等正覺得佛
(체제불경계성등정각득불)

無量圓滿三昧一三昧中普
(무량원만삼매일삼매중보)

能示現一切三昧
능시현일체삼매

得佛無量圓滿辯才說一
득불무량원만변재설일

句法窮未來際而不可盡悉
구법궁미래제이불가진실

除一切衆生疑惑得佛無量
제일체중생의혹득불무량

圓滿衆生具佛十力盡衆生
원만중생구불십력진중생

界示成正覺佛子是爲菩薩
계시성정각불자시위보살

摩訶薩以一切善根隨順眞
마하살이일체선근수순진

如相迴向 여상회향

爾時金剛幢菩薩承佛威 이시금강당보살승불위
力普觀十方而說頌言 력보관시방이설송언

菩薩志樂常安住 보살지락상안주
正念堅固離癡惑 정념견고리치혹
其心善軟恒清涼 기심선연항청량
積集無邊功德行 적집무변공덕행

菩薩謙順無違逆 보살겸순무위역
所有志願悉清淨 소유지원실청정
已得智慧大光明 이득지혜대광명
善能照了一切業 선능조료일체업
菩薩思惟廣大業 보살사유광대업
種種差別甚希有 종종차별심희유
決意修行無退轉 결의수행무퇴전

以此饒益諸群生
이차요익제군생

諸業差別無量種
제업차별무량종

菩薩一切勤修習
보살일체근수습

隨順衆生不違意
수순중생불위의

普令心淨生歡喜
보령심정생환희

已昇調御人尊地
이승조어인존지

離諸熱惱心無礙
이제열뇌심무애

於法於義悉善知
어법어의실선지

爲利群生轉勤習
위리군생전근습

菩薩所修衆善行
보살소수중선행

無量無數種種別
무량무수종종별

於彼一切分別知
어피일체분별지

爲利群生故迴向
위리군생고회향

以妙智慧恒觀察
이묘지혜항관찰

究竟廣大眞實理 (구경광대진실리)
斷諸有處悉無餘 (단제유처실무여)
如彼眞如善迴向 (여피진여선회향)
譬如眞如徧一切 (비여진여변일체)
如是普攝諸世間 (여시보섭제세간)
菩薩以此心迴向 (보살이차심회향)
悉令衆生無所著 (실령중생무소착)

菩薩願力徧一切 (보살원력변일체)
譬如眞如無不在 (비여진여무부재)
若見不見念悉周 (약견불견념실주)
悉以功德而迴向 (실이공덕이회향)
夜中隨住晝亦住 (야중수주주역주)
半月一月亦隨住 (반월일월역수주)
若年若劫悉住中 (약년약겁실주중)

眞如如是行亦然
진여여시행역연

所有三世及刹土
소유삼세급찰토

一切衆生與諸法
일체중생여제법

悉住其中無所住
실주기중무소주

以如是行而迴向
이여시행이회향

譬如眞如本自性
비여진여본자성

菩薩如是發大心
보살여시발대심

眞如所在無不在 (진여소재무부재)
以如是行而迴向 (이여시행이회향)
譬如眞如本自性 (비여진여본자성)
其中未曾有一法 (기중미증유일법)
不得自性是眞性 (부득자성시진성)
以如是業而迴向 (이여시업이회향)
如眞如相業亦爾 (여진여상업역이)

如眞如性業亦爾
여진여성업역이

如眞如性本眞實
여진여성본진실

業亦如是同眞如
업역여시동진여

譬如眞如無邊際
비여진여무변제

業亦如是無有邊
업역여시무유변

而於其中無縛著
이어기중무박착

是故此業得淸淨
시고차업득청정

如是聰慧眞佛子
여시총혜진불자
志願堅固不動搖
지원견고부동요
以其智力善通達
이기지력선통달
入於諸佛方便藏
입어제불방편장
覺悟法王眞實法
각오법왕진실법
於中無著亦無縛
어중무착역무박
如是自在心無礙
여시자재심무애

未曾見有一法起
미증견유일법기

如來法身所作業
여래법신소작업

一切世間如彼相
일체세간여피상

說諸法相皆無相
설제법상개무상

知如是相是知法
지여시상시지법

菩薩住是不思議
보살주시불사의

於中思議不可盡
어중사의불가진

入此不可思議處 (입차불가사의처)
思與非思皆寂滅 (사여비사개적멸)
如是思惟諸法性 (여시사유제법성)
了達一切業差別 (요달일체업차별)
所有我執皆除滅 (소유아집개제멸)
住於功德無能動 (주어공덕무능동)
菩薩一切業果報 (보살일체업과보)

悉爲無盡智所印 (실위무진지소인)
如是無盡自性盡 (여시무진자성진)
是故無盡方便滅 (시고무진방편멸)
菩薩觀心不在外 (보살관심부재외)
亦復不得在於內 (역부부득재어내)
知其心性無所有 (지기심성무소유)
我法皆離永寂滅 (아법개리영적멸)

彼諸佛子如是知 (피제불자여시지)
一切法性常空寂 (일체법성상공적)
無有一法能造作 (무유일법능조작)
同於諸佛悟無我 (동어제불오무아)
了知一切諸世間 (요지일체제세간)
悉與眞如性相等 (실여진여성상등)
見是不可思議相 (견시불가사의상)

是則能知無相法 (시즉능지무상법)
若能住是甚深法 (약능주시심심법)
常樂修行菩薩行 (상락수행보살행)
爲欲利益諸群生 (위욕리익제군생)
大誓莊嚴無退轉 (대서장엄무퇴전)
是則超過於世間 (시즉초과어세간)
不起生死妄分別 (불기생사망분별)

了達其心如幻化 (요달기심여환화)
勤修衆行度群生 (근수중행도군생)
菩薩正念觀世間 (보살정념관세간)
一切皆從業緣得 (일체개종업연득)
爲欲救度修諸行 (위욕구도수제행)
普攝三界無遺者 (보섭삼계무유자)
了知衆生種種異 (요지중생종종이)

사경의 공덕은 십만억 부처님께 공양한 것과 같은 공덕이 있습니다.

悉是想行所分別
실시상행소분별

於此觀察悉明了
어차관찰실명료

而不壞於諸法性
이불괴어제법성

智者了知諸佛法
지자료지제불법

以如是行而迴向
이여시행이회향

哀愍一切諸衆生
애민일체제중생

令於實法正思惟
영어실법정사유

發 願 文

귀의 삼보하옵고
거룩하신 부처님께 발원하옵나이다.

주 소 : ______________________

전 화 : ______________ 불명 : ______ 성명 : ______

불기 25 ______ 년 ______ 월 ______ 일